AF257690

L 42
b
2347

LIBERTE.        ÉGALITE.

# PÉTITION

*Des soussignés Condamnés à la déportation par la Haute - Cour de Justice, séante à Vendôme;*

## Au Corps Législatif.

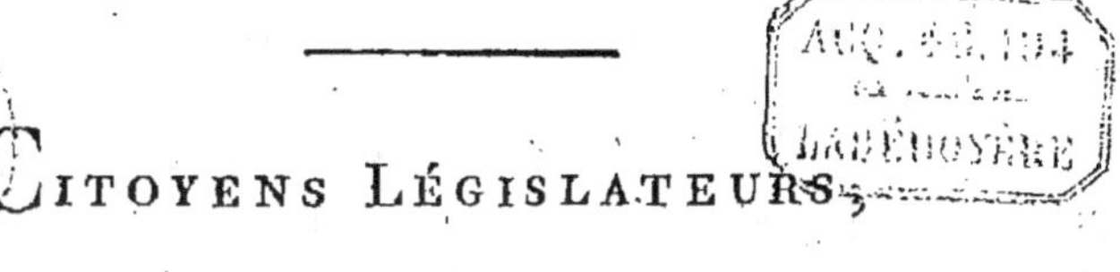

——————

CITOYENS LÉGISLATEURS,

FORTS de notre conscience, et confians dans votre patriotisme, nous venons vous demander justice contre le jugement de la Haute - Cour, séante à Vendôme, qui nous condamne à la déportation.

Nous n'aurions pas tardé si long-tems à vous adresser nos réclamations, si le message par lequel le Directoire exécutif vous invita, le 13 pluviôse de l'an 6, à ordonner la révision des jugemens criminels rendus contre des républicains, depuis la formation du complot déjoué au 18 fructidor, ne nous eut fait espérer de voir ouvrir une voie légale pour faire éclater notre innocence et briser les fers que nous portons depuis plus de trois ans.

Sans doute, vous n'avez pas oublié, citoyens Législateurs, cette grande et terrible affaire dans laquelle on sembla vouloir envelopper tous les républicains austères et zélés, cette affaire connue

A

sous la dénomination exagérée de CONSPIRATION DU 21 FLORÉAL AN IV, dans laquelle fut impliqué un Représentant du Peuple, célèbre par son dévouement à la liberté ; cette affaire qu'on se plût à peindre des plus noires couleurs, afin d'appeler une Saint - Barthelemi générale sur les amis constans de la révolution. Nous y fûmes compris, et nous eûmes la douleur de voir périr à nos côtés, par suite du procès contre lequel nous vous adressons aujourd'hui de justes réclamations, deux républicains fidèles, dont nous honorons la mémoire.

Victimes d'un jugement vicié d'un grand nombre de nullités essentielles, faux dans ses motifs, et fruit évident de l'esprit de parti et de contre-révolution, notre position est telle, que nous ne pouvons attendre justice que de vous.

En effet, la garantie contre les erreurs ou les prévarications des tribunaux, que tous les accusés trouvent dans le recours au tribunal de Cassation, nous fut ravie par un décret inconciliable avec la Constitution, rendu à la sollicitation de ceux qui s'écriaient : *Il n'y faut pas tant prendre garde pour des factieux* (1).

Ces tems de fureur et d'oppression, nous aimons à le croire, sont passés, et il est à espérer que le Corps Législatif, éclairé par l'expérience, et guidé par le véritable amour de la Patrie, s'empressera de réparer les plaies profondes faites aux mœurs et à la liberté ; nous ne lui demandons pour nous que quelques momens de calme et d'examen froid, afin de le convaincre de l'injustice qui nous accable, et de l'indispensable devoir où il est de venir à notre secours.

( 3 )

Avant d'exposer les motifs auxquels nous appuyons nos réclamations, il est nécessaire de rappeler quelques faits que le laps du tems pourrait avoir effacés de votre mémoire.

DROUET, Représentant du Peuple, fut accusé par la majorité du Corps Législatif, *d'avoir participé à la conspiration dénoncée par les messages du Directoire executif, des 21 , 23 , 25 et 26 floréal an 4, dirigée contre la sureté intérieure de la République, et tendante à renverser la Constitution, et anéantir les autorités par elle établies* (*).

Soixante-trois citoyens, accusés des mêmes faits par les jurys spéciaux de Paris, Rochefort, Cherbourg et Montreuil, furent traduits avec ce Représentant devant la Haute-Cour de Justice (2).

Après les débats, et à la suite du résumé du président, le tribunal posa trois séries de questions, par lesquelles il interrogeait le Haut Jury sur l'existence, et sur les tendances de la conspiration qui était le sujet de l'acte d'accusation(3).

Deux jours après, la Haute - Cour, sur l'observation d'un Juré, ajouta deux nouvelles séries de questions, relatives aux provocations verbales ou imprimées, prévues par la loi du 27 germinal an 4 (4).

A l'égard des trois premières, la déclaration du jury fut : LE FAIT N'EST PAS CONSTANT.

Sur les deux dernières, il prononça que, « il » y avait eu, postérieurement à ladite loi du 27

---

(*) Procés-verbal du Conseil des 500 , du 26 thermidor an 4.

» germinal , des provocations par discours et
» écrits imprimés , soit distribués , soit affichés ,
» au rétablissement de la Constitution de 1793;
» que BABEUF, DARTHÉ , BUONARROTI,
» GERMAIN, CAZIN, MOROY et BLONDEAU,
» avaient participé aux provocations verbales
» *dans l'intention* de provoquer au rétablissement
» susdit, et avec des circonstances atténuantes.

» Que Babeuf, Darthé, Buonarroti , Germain,
» Cazin , Moroy , et les deux contumax Bouin
» et Ménessier , avaient pris part aux provoca-
» tions imprimées, soit distribuées , soit affichées ,
» et dans l'intention ci-dessus , les deux premiers
» sans circonstances atténuantes , et les six autres,
» avec ces circonstances. »

Alors le tribunal, sans avoir égard aux objections des accusés , qui soutenaient l'invalidité de
la loi du 27 germinal , après avoir acquitté les
les autres, condamna à la peine de mort Babeuf
et Darthé , et à celle de la déportation Buonarroti , Germain , Cazin , Moroy , Blondeau ,
Bouin et Ménessier.

C'EST CONTRE LA PARTIE DU JUGEMENT QUI
NOUS CONDAMNE , QUE NOUS RÉCLAMONS L'IN-
TERVENTION DE VOTRE AUTORITÉ.

Pour vous convaincre de la justice de notre
demande , il vous suffira, Citoyens Législateurs,
de jeter les yeux sur les notes ci-jointes (5), dans
lesquelles nous avons consigné les preuves des
nullités radicales , dont se trouve frappée par la
loi cette partie de jugement de la Haute-Cour.

Vous y verrez :

1°. Que la Haute-Cour a outre-passé sa compétence , en instruisant contre un Représentant

du Peuple, pour un fait au sujet duquel le Corps Législatif n'avait pas prononcé d'acte d'accusation.

2°. Que les questions sur lesquelles est intervenu le jugement de condamnation, basées sur des faits non portés dans les actes d'accusation, furent posées en contravention aux articles 378, et 396 de la loi du 3 brumaire an 4, contenant le code des délits et des peines, dont l'exécution est prescrite, sous peine de nullité.

3°. Que nous et nos deux malheureux compagnons d'infortune, avons été condamnés pour des faits sur lesquels on a constamment refusé de nous entendre.

4°. Que la fausseté matérielle des faits qui ont servi à motiver notre condamnation, peut-être facilement reconnue par l'inspection des pièces de la procédure.

5°. Que la loi a été violée dans la position de la question intentionnelle.

6°. Que la Haute-Cour nous a appliqué une loi annullée par la Constitution.

Vous y verrez enfin, que l'injustice et l'illégalité du jugement de la Haute-Cour, ont été solennellement reconnues par le tribunal criminel du département de la Seine.

Ces motifs, Citoyens Législateurs, sont d'une telle force, que nous n'hésitons pas à affirmer que si les lois existantes nous permettaient de les soumettre à un tribunal impartial, nous ne tarderions pas à recouvrer la liberté que nous avons perdue, par la persécution la plus étrange, chez un peuple qui a prétendu s'assurer l'exercice de ses droits naturels.

Et si l'on considère d'ailleurs, que les juges qui

nous ont condamnés étaient membres du premier tribunal de la République, et qu'il est par conséquent difficile de leur supposer l'ignorance des lois, on est autorisé à penser que leurs ames furent mues par des considérations étrangères, opposées même à la justice sévère, qui, insensible aux intérêts et aux illusions des partis, fait planer également sur toutes les têtes la volonté nue du Législateur.

Rappelez vous, Citoyens Législateurs, l'ardeur avec laquelle les accusateurs nationaux, tout en feignant de poursuivre en nous un prétendu parti anarchiste, faisaient le procès aux événemens les plus heureux de la Révolution ; tantôt en soutenant *qu'il n'y a d'insurrection légitime, que là où elle est faite par l'universalité des Citoyens* (6). Tantôt en qualifiant ses plus constans ennemis, révoltés en vendémiaire de l'an 4, *de vengeurs des attentats portés aux droits les plus sacrés du Peuple* (7).

Comment expliquer l'indifférence avec laquelle le tribunal vit le Jury répondre à la cinquième série, par un mensonge évident, qu'il aurait pu facilement rectifier en usant du droit que lui donnait l'article 415 de la loi du 3 brumaire ? Comment attribuer à ses intentions pures, l'audace avec laquelle il appliqua, malgré les instances des accusés, une loi qui avait cessé de l'être ?

Aux nullités ci-dessus indiquées, il faut en ajouter d'autres qui portent sur la totalité du procès, et qui, par leur nature, sont propres à déceler, de plus en plus, l'esprit caché qui présidait à la conduite du tribunal : nous en avons démontré la réalité dans les notes déja citées (8),

et il suffit de remarquer ici qu'elles eurent pour
but de faire entendre en témoignage, au mépris
des dispositions légales, des dénonciateurs qu'on
savait être très-animés contre les accusés, et de
refuser à ceux-ci la communication des pièces
imprimées, dont on se servit ensuite pour baser
leur condamnation.

Le même esprit s'empara évidemment de l'ame
de la majorité des Jurés, car à moins d'être di-
rigé par la plus révoltante partialité, il leur était
impossible de reconnaître que Darthé, condamné
à mort, Buonarroti, Germain, Cazin, Moroy,
Bouin et Ménessier, condamnés à la déportation,
avaient provoqué, par des écrits imprimés, au
rétablissement de la Constitution de 1793, eux
dont il n'existe pas au procès une seule ligne
imprimée.

Ces prévarications, Citoyens Législateurs, vous
paraîtront moins étonnantes, lorsque vous con-
sidérerez que les Jurés et les Juges de la Haute-
Cour, étaient les enfans de ces assemblées de
vendémiaire an 4, qui faillirent ensevelir la République sous les cadavres de la Convention
Nationale, de ces assemblées qui, suivant l'expression de Duverne-Depraisle, avaient introduit
dans le Corps Législatif environ deux cents ser-
viteurs de Louis XVIII; de ces assemblées enfin,
dont les élus, à quelques exceptions près, tra-
vaillèrent sans cesse à étouffer l'amour de la
Patrie et de la Liberté, et à nourrir dans le cœur
des Français, les passions qui en sont les plus
féroces ennemies.

C'est au moment où l'on nous donnait en spec-
tacle aux ennemis de l'Égalité et de la Liberté,

que les frémissemens du royalisme retentissaient dans le temple de la Justice : c'est dans ce même moment que se formait l'ordre de bataille de l'armée royale, et que le plus vif intérêt, les égards les plus affectueux, et une révoltante indulgence environnaient les commissaires du Prétendant, *la Ville-Heurnois*, *Brottier* et *Duverne-de-Praisle*, traduits devant un conseil militaire, contre la juridiction duquel s'élevèrent tant de députés, et ce même tribunal de Cassation dont les Juges et les Accusateurs de la Haute-Cour étaient les membres préférés.

Il paraît, par ce qui a été dit à votre tribune, que la moralité de la Haute-Cour lui était commune avec presque tous les tribunaux de la République, qui, dans ce même tems, poursuivaient à outrance les républicains, et protégeaient, sous mille insidieux prétextes, les partisans acharnés de la monarchie : leur audace contre-révolutionnaire, principal ressort de la faction fructidorienne, détermina le Directoire Exécutif à vous proposer de faire réviser leurs jugemens. Ici, il y a lieu d'être surpris qu'après avoir reproché aux Juges de cette époque, un nombre infini de délits très-graves, le Corps Législatif n'ait pris aucune mesure pour réparer l'effet de leurs prévarications.

Ce que nous venons de vous dire, Citoyens Législateurs, fera, nous n'en doutons pas, sur vos ames, une impression forte, et vous regretterez que les Lois de la République n'accordent aucun recours ordinaire contre tant de nullités et d'abus de pouvoir. Mais l'injustice ne saurait rester sans réparation chez un Peuple libre ; c'est le vœu de la raison, c'est le principe fondamental de toute Constitution, et dès qu'il n'existe pas de tribunal autorisé à recevoir nos plaintes, il s'ensuit que nous devons nous adresser à vous, et qu'il vous appartient d'y faire droit.

Vous aviserez, dans votre sagesse, aux moyens les plus propres à débrouiller le chaos qui enveloppe les opérations de la Haute-Cour, et à nous faire rendre une prompte justice : nous vous demandons, *d'ordonner que la partie du jugement qui nous condamne, et qui a le double vice d'être nulle et fondée sur une évidente fausseté, sera révisée : nous vous demandons un Tribunal Patriote, devant lequel nous puissions ouvrir nos cœurs sans crainte, et prouver notre innocence* (9).

Se pourrait-il qu'après lui avoir démontré les vices de notre condamnation, l'esprit contre-révolutionnaire qui la prépara, et la consomma, et la fausseté matérielle des faits qui servirent de base au jugement, le Corps Législatif, guidé par une politique erronnée, hésitât à nous ouvrir une voie de justification ? Serait-il possible qu'il se laissât encore égarer par les calomnies tant répétées contre les défenseurs de la Liberté, et qu'il pût s'abuser jusqu'à se persuader de servir la patrie, en fermant l'oreille à nos plaintes fondées sur les lois, et en faisant encore peser leur vengeance sur les amis désintéressés de la Révolution ?

Nous sommes prêts, Citoyens Législateurs, à tout souffrir pour la Patrie ; mais nous ne pouvons penser qu'une condamnation injuste, prononcée en haine de cette même Patrie, puisse, en aucune manière, lui devenir utile. Non ! une

semblable atrocité ne souillera point vos pensées!!
A quoi, Dieu immortel, nous aurait donc réduits
cet amour ardent de la Liberté, ce dévouement
sans bornes à la défense de la République, qui
nous firent braver tant de fois les dangers et la
mort, et qui font encore, dans les fers, notre
plus douce, notre constante consolation!!!

Doutez-vous de notre patriotisme? Ah! ce
n'est point à nous à répéter ce que nous fîmes
pour notre pays : interrogez les Patriotes qui
nous ont connu; interrogez les soldats avec lesquels plusieurs d'entre nous partagèrent les pé-
rils des combats; interrogez un grand nombre
de vos collègues avec lesquels nous vécûmes; ils
vous répondront, nous en sommes certains,
que nous fîmes du triomphe de la Liberté, notre
occupation permanente.......... Nous défions
nos ennemis de nous reprocher d'avoir porté
dans la Révolution des vues intéressées.. ... Mais
interrogez, sur-tout, la longue procédure de la
Haute-Cour, pendant laquelle rien ne fut épar-
gné pour nous frapper au physique et au moral;
elle vous répondra qu'on nous imputa un amour
prétendu exagéré de l'Égalité, une haine impla-
cable pour la tyrannie, et que pas une voix
n'osa s'élever pour nous accuser d'avidité, d'hy-
pocrisie et de trahison!!

Nous ne vîmes pas sans douleur, il est vrai,
s'établir l'ordre actuel des choses : nous crûmes
que le Peuple Français pourrait obtenir des mœurs
plus pures, des lois plus sages, et un bonheur
plus général et plus durable...... Et plût au
Ciel que les événemens postérieurs n'eussent pas
justifié nos alarmes!

Ces sentimens civiques, nous le savons, furent transformés en principes d'anarchie, et l'on partit de là pour conclure que, membres d'un parti prétendu anarchiste, nous voulions tout bouleverser, tout détruire, pour forger à la patrie de nouvelles chaînes.—

Depuis que le Haut Jury, en déclarant la conspitation NON CONSTANTE, a fait justice des forfaits dont on nous attribuait l'intention, nous ne devons pas nous arrêter à réfuter les calomnies que firent pleuvoir sur nous toutes les passions déchaînées : nous nous bornerons, Citoyens Législateurs, à observer qu'il y aurait beaucoup d'injustice à nous faire un crime des principes dont nous ne nous sommes pas défendus devant la Haute-Cour, principes que nous crûmes vrais et bons, d'après notre conscience, et d'après la chaleur et la force dont ils furent, en d'autres tems, généralement proclamés : la France entière a eu la preuve de notre bonne foi : peut-on encore nous punir d'avoir ardemment désiré son bien-être ?

Après la procédure de la Haute-Cour, après les dangers qui ont menacé et menacent encore la Patrie, nous ne pensons pas qu'on reproduise les déclamations virulentes, contre ce qu'on a méchamment appelé le parti anarchique : certes, ceux qui demandaient des mœurs plus austères et plus sociales, et des institutions qu'ils crurent plus conformes aux vues de la nature, ne peuvent être sérieusement confondus avec ces hommes intempérans et immoraux, pour lesquels toute loi est un insupportable frein : et il est tems enfin que la République reconnaisse que si les passions

corruptrices n'eussent pas été si opiniâtres à re-
pousser, sans justice et sans examen, les plaintes
et les propositions des démocrates, il n'y aurait
pas eu un parti opposant qualifié d'anarchique;
et les divisions qui ont affaibli les Républicains,
n'auraient jamais flatté de quelque succès les ennemis étrangers.

Cette manière de penser, Citoyens Législateurs, est en nous le résultat de l'amour de la
Patrie et de la Liberté. Nous désirons encore qu'une
conduite plus sage réunisse tous les Français au-
tour de la justice naturelle, éteigne à jamais toute
semence de discorde, et prévienne efficacement
le retour des révolutions : nous désirons que vous
travailliez d'une main ferme à donner à la France
des mœurs et des vertus ; mais personne ne sent
plus que nous le devoir principal et essentiel pour
tous les amis de la République, quels que soient leur
système et leurs chagrins, de réunir salutaire-
ment leurs efforts, pour réprimer l'audace des
étrangers, ennemis de notre indépendance, devant lesquels tous ceux qui n'aiment pas la royauté
et l'esclavage, sont également coupables.

Vive, vive la République !

CH. GERMAIN, BUONARROTI, MOROY,
BLONDEAU.

Au Fort-National devant Cherbourg, le 26 Messidor
an 7 de la République.

# NOTES.

(1) Une loi du 7 thermidor de l'an 4, interdit tout recours en cassation contre les jugemens et décisions de la Haute-Cour de Justice.

Cette disposition, dont la rigueur n'a été modifiée par nulle autre, décèle, d'une manière frappante, l'esprit qui la dicta. On voulait faire périr promptement et infailliblement les citoyens déjà traduits devant la Haute-Cour, et l'on fit, à proprement parler, une loi exprès pour eux.

Consultez la Constitution, examinez les funestes et nécessaires effets de l'indépendance de la Haute-Cour, et vous verrez que l'imputation, ci-dessus, contre les auteurs de cette loi, n'est point exagérée.

L'article 254 de l'acte Constitutionnel porte :

« Il y a pour toute la République, un Tribunal de Cas-
» sation, qui prononce sur les jugemens, en dernier res-
» sort, rendus par tous les tribunaux ».

Cet acte ne consacre aucune exception pour la Haute-Cour. La question était simple : La Haute-Cour est-elle un tribunal ? Si elle en est un, elle est nécessairement comprise dans l'article 254, qui s'étend à tous les tribunaux.

Rien de raisonnable ne fut opposé à cet argument : en effet, on ne peut regarder comme telle l'objection tirée de ce que le titre concernant le tribunal de cassation précédent, dans la Constitution, celui qui traite de la Haute-Cour, il semble qu'elle ne saurait être comprise dans ses dispositions, car quelle que soit la place de ce titre, cela ne lui ôte pas sa qualité de *tribunal* ; ni l'autre ( qui met à découvert la méchanceté, et les véritables intentions de ses auteurs ), fondée sur les longueurs auxquelles donnerait lieu la cassation d'un premier jugement ; car si elles sont inévitables, elles ont dû être prévenues par la Constitution ; que sont d'ailleurs quelques longueurs vis-à-vis la justice et la sureté des Citoyens ?

Enfin, de toutes les mauvaises raisons données, pour faire adopter l'indépendance de la Haute-Cour, de la juridiction du Tribunal de Cassation, pas une n'effleura l'article mentionné qui fut, par conséquent, ouvertement violé par la loi dont les accusés ont été les déplorables victimes. On

plaïda depuis, avec un soin bien plus scrupuleux, pour
la prétendue intégrité de l'Acte Constitutionnel, lorsqu'il fut
question de soustraire les conspirateurs royaux au tribunal militaire, et d'ouvrir à une infinité d'émigrés l'entrée
de la France.

La Constitution avait voulu mettre les membres des premières autorités à l'abri des erreurs et des passions humaines,
et la loi du 7 thermidor a ouvert à leurs juges un vaste champ
de prévarications.

Dès qu'il n'existe pas au-dessus d'un tribunal, un scrutateur
de sa conduite, il n'est plus, pour les accusés, de garantie
contre les erreurs ou la mauvaise foi qui peuvent leur être
également funestes. La Haute-Cour est-elle composée d'un
plus grand nombre de juges que les autres tribunaux criminels ? est-elle astreinte à des formes plus rassurantes ? ses
membres sont-ils moins que les autres hommes, sujets aux
faiblesses et aux passions de l'humanité ? non. Pourquoi donc
les affranchir du frein jugé nécessaire pour tous les autres
tribunaux ?.... *Parce que, dans le cas particulier pour
lequel la loi fut rendue, on voulait, à tout prix, faire
périr les accusés.*

Et qu'on ne dise pas que, quoique les jugemens de la
Haute-Cour ne soient pas sujets au recours en cassation, il
reste aux condamnés l'action en forfaiture contre les juges,
s'il y a des motifs suffisans pour l'intenter. Cette ressource
est nulle : 1.° parce que les jugemens de la Haute-Cour devant être exécutés dans les vingt-quatre heures, ceux
qu'elle condamne à mort ne peuvent retirer de cette action
aucun avantage ; 2.° les nullités dont une procédure peut
être entachée, n'entraînent pas toutes la forfaiture; cependant elles peuvent être fatales aux accusés, et l'impossibilité
de les faire rectifier, par le recours en cassation, donne à des
juges perfides la facilité de perdre les citoyens traduits devant
eux, par des omissions dont il serait impossible de démontrer
la mauvaise foi ; 3.° il paraît que dans l'état actuel de la législation, les juges de la Haute-Cour ne sont pas même atta-
quables par la voie de la forfaiture : en effet, d'après les art. 262
et 263 de l'Acte Constitutionnel, 561 et 562 de la loi du 3
brumaire, titre 18, les actes qui donnent lieu à forfaiture,
doivent être dénoncés au tribunal de cassation, qui les annule
et les dénonce à son tour, s'il y a lieu, au Corps Législatif.
Mais, comment cette dénonciation peut-elle avoir lieu à

l'égard de la Haute-Cour, s'il est défendu au tribunal de cassation de connaître de ses actes? Il résulte de ces observations, que la Haute-Cour de Justice est devenue, par la loi du 7 thermidor, un tribunal monstrueux, inviolable, indépendant des lois, qui n'offre pour toute garantie que la probité présumée de ses membres.

(2) L'agglomération d'un si grand nombre de Citoyens, est d'autant plus remarquable, que plus de la moitié d'entr'eux ne se rattachaient par aucune circonstance au fait de l'accusation.

Outre ces soixante-trois individus, il y en avait plusieurs autres qui, mis en accusation sous les prétextes les plus frivoles, dans les départemens de l'Ain et de la Charente-Inférieure, étant arrivés trop tard à Vendôme, furent renvoyés devant leurs juges naturels, et par eux acquittés après une très-longue détention. On voit dans les journaux du tems, que les directeurs du jury de toutes les parties de la République, allaient faire main-basse sur les patriotes zélés de leurs arrondissemens, si le Gouvernement n'eut jugé à propos de tempérer leur ferveur.

(3) *Questions proposées par la Haute-Cour au Jury, relativement à la conspiration.*

PREMIÈRE SÉRIE.

« A-t-il existé en germinal et floréal an 4, une conspira-
» tion tendante à troubler la République, en armant les
» Citoyens les uns contre les autres ? »

*Réponse :* LE FAIT N'EST PAS CONSTANT.

DEUXIÈME SÉRIE.

« A-t-il existé en germinal et floréal an 4, une conspiration
» tendante à troubler la République, en armant les Citoyens
» contre l'exercice de l'autorité légitime établie par la Consti-
» tution de l'an 3 ? »

*Réponse :* LE FAIT N'EST PAS CONSTANT.

TROISIÈME SÉRIE.

« A-t-il existé en germinal et floréal de l'an 4, une conspi-
» ration tendante à opérer la dissolution du Corps Légis-
» latif ? »

*Réponse :* LE FAIT N'EST PAS CONSTANT.

(4) *Questions proposées par la Haute-Cour au Jury, relativement à la loi du 27 germinal an 4.*

### QUATRIÈME SÉRIE.

Y a-t-il eu, postérieurement à la loi du 27 germinal an 4, provocation par des discours au rétablissement de la constitution de 1793.

*Réponse :* OUI, LE FAIT EST CONSTANT.

### CINQUIÈME SÉRIE.

Y a-t-il eu, postérieurement au 27 germinal de l'an 4, par des *écrits imprimés*, soit *distribués*, soit *affichés*, provocation au rétablissement de la Constitution de 1793 ?

*Réponse :* OUI, LE FAIT EST CONSTANT.

La question intentionnelle fut posée en ces termes : N. N. convaincu d'avoir participé à cette provocation, *l'a-t-il fait dans l'intention de provoquer le rétablissement de la Constitution de* 1793 ?

*Loi du 27 germinal an 4.*

« Le Conseil des Anciens, adoptant les motifs de la décla-
» ration d'urgence qui précède la résolution ci-après, ap-
» prouve l'acte d'urgence.

» *Suit la teneur de la déclaration d'urgence et de la*
» *résolution du 27 germinal.*

» Le Conseil des Cinq-cents, considérant que le Corps-
» Législatif ne peut trop se hâter d'atteindre, par des lois
» claires et précises, les agens du royalisme et de l'anarchie ;
» Déclare qu'il y a urgence.

» Le Conseil, après avoir déclaré l'urgence, prend la
» résolution suivante :

» ARTICLE I. Sont coupables de crime contre la sureté
» intérieure de la République, et contre la sureté indivi-
» duelle des citoyens, et seront punis de la peine de mort,
» conformément à l'article 612 du code des délits et des
» peines, tous ceux qui, par leurs discours, ou par *leurs*
» *écrits*, soit imprimés, soit distribués, soit affichés, pro-
» voquent la dissolution de la Représentation Nationale, ou
» celle du Directoire exécutif, ou le meurtre de tous, ou
» aucun des membres qui le composent, ou le rétablissement
» de la royauté, ou *celui de la Constitution de* 1793, ou
» celui de la Constitution de 1791, ou de tout Gouverne-
» ment

» ment autre que celui établi par la Constitution de l'an 3 ,
» acceptée par le Peuple Français , ou l'invasion des proprié :
» tés publiques , ou le pillage , ou le partage des propriétés
» particulières , sous le nom de loi agraire ou de toute autre
» manière. La peine de mort mentionnée au présent article ,
» sera commuée en celle de la déportation, si le Jury déclare
» qu'il y a dans le délit , des circonstances atténuantes.

» II. Les délits , etc. »

## (5) *Vices qui rendent nulle la condamnation.*

### I. *La Haute-Cour a outre-passé sa compétence.*

La Haute-Cour de Justice ne peut juger que sur des actes
d'accusation admis par le Corps Législatif , contre ses propres
membres , ou contre ceux du Directoire exécutif ( * ). A
l'égard des citoyens qui ne deviennent ses justiciables, que
par la connexité des faits dont ils sont accusés , avec ceux im-
putés aux Représentans du Peuple , ou Directeurs, sa compétence ne saurait s'étendre au-delà de la complicité pour les
mêmes faits ; autrement , elle connaîtrait d'autre chose que
des actes d'accusation admis par le Corps Législatif ; et les
membres des premières autorités pourraient être jugés sans
accusation constitutionnelle.

Dans l'espèce , Drouet était accusé de participation à une
conspiration : le tribunal ne pouvait donc connaître que
d'elle , et la position des questions relatives aux provocations , faits d'une nature différente , est un acte pour lequel il
n'était point compétent ; il est par conséquent nul , ainsi
que la déclaration et la condamnation qui en ont été les
suites.

### I I. *Les questions sur lesquelles est intervenue la condamnation , furent posées en contravention à la Loi.*

On ne répétera pas ce qui a été dit au paragraphe précédent , relativement aux limites de la compétence que la
Haute-Cour a transgressées , en interrogeant les Jurés sur des
faits non portés dans le décret d'accusation rendu contre
Drouet : on se bornera à remarquer que la position des

---

( * ) Acte Constitutionnel , art. 265 et 271.

deux dernières séries de questions résultantes de la loi du 27 germinal, fut une infraction manifeste de l'article 378 de celle du 3 brumaire, dont l'exécution est prescrite sous peine de nullité. Il porte : « Il ne peut être posé aucune » question sur des faits qui ne seraient pas portés dans » l'acte d'accusation, quelles que soient les dépositions » des témoins ».

Tous les actes d'accusation s'accordent à présenter les prévenus comme coupables d'une *conspiration : conspiration* est le mot employé par le Corps Législatif, et par les Directeurs de Jury ; leurs actes ne parlant que d'une *conspiration*, de ses *tendances*, et des moyens dont ils prétendent que les conspirateurs se servaient pour la faire réussir : c'est donc sur le seul délit de conspiration que les Jurés pouvaient être interrogés : les provocations sur lesquelles ils se sont expliqués, sont la matière d'un délit essentiellement différent ; et n'en étant aucunement parlé dans les actes susdits, les questions qui y sont relatives, furent posées par la Haute-Cour, en contravention à l'article 378 ci-dessus cité, et à l'article 396, ainsi conçu : « Les » Jurés ne peuvent prononcer sur d'autres délits que ceux » portés dans l'acte d'accusation.......... »

Elles sont donc nulles, ainsi que la partie du jugement qui en fut la suite.

I I I. *Les accusés ne furent pas entendus sur les faits pour lesquels ils furent condamnés.*

Quoi qu'il en soit du motif secret qui dirigea le tribunal, dans la position des deux dernières séries de questions, les accusés furent constamment entretenus dans l'opinion que l'examen du Haut-Jury ne porterait pas sur les provocations verbales ou imprimées prévues par la loi du 27 germinal an 4 ; et non-seulement ils ne se défendirent pas sous ce rapport, mais cela leur fut itérativement interdit par le tribunal et par les accusateurs nationaux, qui avaient hautement protesté qu'ils ne poursuivraient pas l'application de la loi susdite.

En effet, les accusés ayant, quelque tems avant l'ouverture des débats, demandé copie des écrits imprimés pour lesquels huit d'entr'eux ont été condamnés, et sans l'examen desquels il était impossible de juger s'ils ne contenaient pas des provocations, le tribunal les débouta sur un réquisitoire dans lequel on lit : *que ce n'est pas des maximes et des provocations contenues dans leurs écrits , mais* DE LA CONSPIRATION *que les accusés auront à se justifier.*

A la séance du 2 ventôse , Babeuf renouvela cette demande : à celle du lendemain , l'accusateur Viellart conclut au rejet, qui fut adopté , par un discours dans lequel on trouve ce passage : « (*) Nous le répétons , ils sont accusés » d'une conspiration , par laquelle ils se proposaient de » renverser la constitution , toutes les autorités légitimes , » d'opérer un pillage général et d'innombrables massacres. » Voilà, jusqu'aux débats, le titre de l'accusation ; les écrits » où ils déposaient leurs maximes et leur doctrine , n'étaient » alors qu'un moyen d'arriver à un but secret ; c'est ce » qui s'éclaircira , peut-être , par les débats ; mais dans » l'un ou dans l'autre cas, *l'examen de la doctrine et » des maximes* ne deviendra pas nécessaire ».

Dans son exposé du 6 ventôse , le même accusateur tint , sur le même sujet , le langage suivant : « Il semblerait » peut-être que ce serait ici le lieu de commencer par faire » l'analyse de cette foule de journaux, d'écrits, de pam- » phlets, de chansons , d'affiches , où ont été présentées , » sous toutes les formes, les plus absurdes et les plus fé- » roces maximes de l'anarchie ; où l'on a *provoqué* la dé- » sobéissance aux lois, l'anéantissement de la constitution , » le massacre des autorités constituées ; *mais observons* » *qu'il ne s'agit point ici du délit qui pourrait ré-* » *sulter des écrits en eux-mêmes ;* nous ne voulons les » considérer que comme moyens employés à l'exécution » d'un projet de soulèvement, qui était le premier but de » la conspiration dont il s'agit. Sous ce rapport, ces écrits » ne se doivent point distinguer de toutes les autres me- » sures que le comité insurrecteur avait recommandées à » ses agens ; et ce qu'il faut uniquement vérifier, c'est avec » quelle exactitude, avec quelle activité les agens se con- » formèrent aux instructions qui leur avaient été données » au nom du Directoire insurrecteur. » (**)

Le même accusateur national répliqua , d'une manière encore plus positive, au citoyen Lamberté, qui reprochait

---

(*) Journal Sténographique, vol. premier, page 64.
(**) Journal Sténographique, vol. premier, page 87.

au tribunal de diriger ses poursuites contre la liberté de
la presse. « Vous venez de faire, disait-il, à la séance du
» 25 germinal, une grande déclamation sur la liberté de
» la presse ; vous avez paru indiquer que même nous, ac-
» cusateurs nationaux, nous dirigeons l'accusation à votre
» égard, en haine des maximes développées. Je crois dans
» l'exposé m'être favorablement expliqué ; je n'ai lu, je
» le déclare, aucun des écrits qui sont dans les pièces,
» parce que je n'ai pas pensé que la nature de l'accusation
» actuelle, exigeât qu'on examinât quelles maximes avaient
» été professées, si l'on avait *même excité à la révolte,
» à la rébellion* ; je n'ai pas même examiné cela, parce
» que ce n'est pas, à proprement parler, le titre de l'ac-
» cusation dirigée contre ceux qui sont ici. » (*)

Ce qui achève de prouver que les débats ne furent jamais
ouverts sur les faits de provocation pour lesquels des accusés furent condamnés, ce sont les efforts de l'accusateur
national Viellart lui-même, pour empêcher la position
des questions résultantes de la loi du 27 germinal. Après
avoir soutenu que le délit de provocation est essentiellement différent de celui de conspiration, et que les actes
d'accusation ne font mention que du dernier, il ajoute :
« J'observerai que la Haute-Cour a dû d'autant moins pré-
» senter la question de provocation prévue par la loi du
» 27 germinal, que non-seulement cela ne résultait pas de
» l'acte d'accusation, cela ne résultait pas non plus du débat.
» Nous, accusateurs nationaux, avions professé hautement
» que nous ne chercherions pas précisément dans les écrits
» des accusés, ce qu'ils pourraient contenir de criminel en
» eux-mêmes ; nous ne les avons mentionnés que comme
» instrumens employés au succès de la conspiration. Les
» accusés, jusqu'à présent, n'avaient pas essayé de se
» placer, plutôt sous les rapports de la loi du 27 germinal,
» que sous ceux du code pénal ; la Haute-Cour ne devait
» donc pas proposer une série de questions relatives à de
» simples provocations. » (**)

Il est en outre constaté par le journal des Débats, qu'il
n'y eut jamais de discussion, ni sur les discours, ni sur

---

(*) Journal Sténographique, vol. 3, page 546.
(**) *Ibid.* vol. 4, page 91.

les écrits qui , cependant , sont les bases de la condamnation.

Enfin , le tribunal fut sourd à la voix de quelques accusés , qui , après la position des deux dernières séries , demandaient qu'on les entendît , au moins alors , sur les provocations qui en étoient le sujet.

I V. *La question intentionnelle a été posée d'une manière contraire à la prescription de la Loi.*

Après avoir réglé l'ordre dans lequel le Président du tribunal Criminel doit poser les questions relatives au fait, et à la conviction matérielle de l'accusé, la loi du 3 brumaire, à l'article 374, s'exprime en ces termes : « Viennent ensuite *les questions , qui , sur la moralité* » *du fait* , et le plus ou le moins de gravité du délit , » résultent *de l'acte d'accusation , de* la *défense de* » *l'accusé ou du débat.* »

Mais , qu'est-ce que la moralité du fait , et en quels termes doit-on proposer les questions qui y sont relatives ? C'est ce dont , avant la session de la Haute-Cour , les tribunaux avaient unanimement vu l'explication dans l'article 397 , ainsi conçu :

« Chaque juré prononce les diverses déclarations ci-dessus, » dans les formes suivantes ; il met la main sur son cœur, et » dit : *Sur mon honneur et ma conscience, le fait est* » *constant , ou ne me paraît pas constant ; l'accusé est* » *convaincu , ou l'accusé ne me paraît pas convaincu ;* » *il a commis tel fait méchamment et à dessein, ou il* » *ne me paraît pas avoir commis , etc.* »

Fondés sur cet article , dont la violation est frappée de nullité par l'article 414, les accusés demandèrent que la question intentionnelle fût réduite en ces termes : *L'accusé a-t-il participé à la conspiration , ou aux provocations , méchamment et à dessein ?*

Mais la Haute-Cour en ordonna autrement, et se restreignit à demander aux jurés ,

*Si les accusés convaincus d'avoir conspiré ou provoqué , l'avaient fait dans l'intention de conspirer ou de provoquer.*

Dans le jugement par lequel la Haute-Cour arrêta définitivement l'état des questions à soumettre aux jurés, elle prétendit justifier l'abandon de la formule tracée par la loi, sur ce qu'elle n'est placée que pour donner un exemple, et non pour servir de règle invariable.

Il est facile de répondre à cela, et par le texte de la loi, et par la raison naturelle sur laquelle il est fondé.

Nous avons vu que l'exécution de l'article dont il s'agit, est prescrite par le 414.e, sous peine de nullité ; et comme rien ne peut être censé ordonné inutilement, et qu'il est essentiel, dans une matière de si grande importance, de ne laisser aucune latitude à l'arbitraire des juges, les formules qui y sont consacrées, doivent être considérées comme sacramentales, ainsi que l'est celle : *il y a, ou il n'y a pas lieu,* dans le prononcé des jurés d'accusation.

Allons plus loin, et voyons comment la Haute-Cour, en restreignant ainsi la question intentionnelle, a réduit à un seul les divers élémens essentiels de moralité dont se compose la criminalité d'un fait, que la loi a complétement désignés par les mots *méchamment et à dessein,* et a placé les jurés dans l'alternative ou d'être injustes, ou de donner à la question proposée une réponse mensongère, pour éviter l'iniquité de la véritable, isolée des considérations, pour l'expression desquelles on ne leur présente aucune formule.

Pour se convaincre de l'inadmissibilité de ce système, il faut examiner si le concours pur et simple de la volonté, exprimé par les mots de la formule *à dessein,* suffit pour déterminer l'imputabilité de l'action défendue par la loi ; et remarquons que, dans le système de la Haute-Cour, ce concours n'est que le simple aperçu de l'objet défendu, indépendant des motifs qui ont pu agir sur la volonté.

Si la société inflige des peines, c'est afin de prévenir, par l'exemple du coupable, le retour de semblables crimes ; c'est-à-dire, afin que l'idée de la peine vienne déterminer en sens contraire, la volonté disposée à pencher vers l'action défendue.

L'imputabilité d'une action quelconque, suppose donc qu'au moment où la volonté de l'accusé se détermina, elle était dans un état à pouvoir être modifiée par l'idée de la peine, et à choisir entre les différens partis, ou, pour nous servir du langage des jurisconsultes, *qu'elle était en état de liberté.*

Si l'on veut donc que les jurés puissent mesurer le degré de liberté dont jouissait l'accusé, au moment où il a commis l'action proscrite, et déterminer s'il y a lieu à la lui imputer, il faut nécessairement leur en laisser la latitude, dans les formules qu'on leur présente ; et c'est ce que la Haute-Cour

leur a enlevé, en restreignant les questions de la moralité,
au simple concours de la volonté, qui peut être indistincte-
ment l'effet d'une détermination libre et pondérée, ou d'une
impulsion violente qui ne laisse à l'agent aucune possibilité
d'examen et de délibération contraire, ou d'une inconsidéra-
tion qui repousse tout soupçon de perversité. Il y a plus, telle
est la défectuosité des institutions humaines, que souvent
leur application illimitée se trouve en contradiction avec des
droits ou des devoirs dérivés des lois de la nature les plus inhé-
rentes au bonheur de l'espèce, et à la conservation des individus ; et c'est cette contradiction, dont les nombreux rapports sont impossibles à qualifier, que le législateur a voulu
faire disparaître, en laissant aux jurés le pouvoir d'en exprimer le calcul par le mot *méchamment*.

Lorsque cette collision se fait sentir, il naît dans le cœur de
l'homme placé entre les deux impulsions, un contraste vio-
lent, qui oblige le juge à examiner : 1.° si, dans une telle
situation, la liberté, sans laquelle il ne saurait y avoir d'imputation, n'a pas été anéantie ; 2.° si on peut, sans une révoltante injustice, reconnaître pour coupable, celui qui fut
entraîné par des sentimens commandés par la nature, par les
préceptes de la plus stricte morale, et quelquefois aussi, par
la force de la plus exacte vérité.

Le malheureux qui, après avoir épuisé toutes les ressources
de l'industrie et de la compassion, est réduit à voler un pain
pour soustraire soi et ses enfans à la mort, fut regardé par
toutes les nations comme un objet digne d'indulgence et d'ab-
solution.....On sentit qu'il était trop barbare de faire frapper par les lois, celui qui cédait à la voix de la nature que les
lois n'avaient pas toujours respectée. Les Français républicains veulent être plus humains que les peuples asservis, et il
n'est pas permis de douter que leurs législateurs n'aient eu,
à cet égard, la même intention. Cependant, comment l'infor-
tuné dont nous venons de parler sera-t-il acquitté, si, après
l'avoir trouvé convaincu du fait, vous vous bornez à examiner s'il a eu l'intention de le commettre : à moins de le déclarer fou, vous ne pouvez pas nier l'existence de cette intention.
Il faut donc examiner quelque chose de plus ; et, dans l'état
actuel du code pénal, la seule question intentionnelle, ex-
primée par le mot *méchamment*, peut donner lieu à une
solution conforme à la justice.

Toutes ces considérations étant nécessaires pour bien juger

B 4

de l'imputabilité d'un acte que la loi défend, la faculté de les calculer et de les exprimer, constitue le Jury scrutateur des cœurs, et offre en lui, aux accusés et à la patrie, la garantie la plus assurée.

On a prétendu que la formule *méchamment* et *à dessein* n'est pas sacramentale, parce que, dit-on, elle est incompatible avec quelques articles du code pénal, qui qualifie le délit par le seul concours de la volonté, et n'exige que ce concours pour l'infliction de la peine : de ce nombre est l'article 11 de la première section du titre 2, qui qualifie d'assassinat, tout meurtre commis avec préméditation. Dans ce cas, disent ceux qui combattent l'essentialité de la formule *méchamment*, la question intentionnelle, telle qu'elle est présentée par l'article 397, est inutile et dangereuse : inutile, parce que la préméditation d'un tel acte indique assez et l'intention de le commettre, et la méchanceté qui l'a accompagné : dangereuse, parce qu'elle expose les jurés à déclarer innocente une action dont ils auraient précédemment reconnu la perversité. Le second motif ne peut faire aucune impression ; car, ou les jurés méritent la confiance publique, ou ils ne la méritent pas ; s'ils la méritent, il faut leur laisser la latitude nécessaire pour exprimer toute leur pensée ; s'ils ne la méritent pas, il faut renoncer à les employer ; car, étant de mauvaise foi, ils ne feront pas plus de difficulté à répondre par un mensonge aux questions de fait et de conviction que vous leur aurez proposées, qu'ils n'en auraient fait à mal résoudre celle que vous leur aurez soustrait.

Quant au premier, il est vrai que la préméditation du meurtre entraîne généralement sa perversité ; et, dans ce cas, un juré bon citoyen, n'hésitera pas à le déclarer ; mais, s'il est un seul cas où le meurtre, tout prémédité qu'il puisse être, n'est pas criminel, il faudra laisser subsister pour tous les cas, la formule précitée, afin de ne pas livrer aux passions des juges la vie des meilleurs citoyens. Supposons, ce qui n'est pas extraordinaire dans les Annales des Peuples, qu'un général heureux entoure avec une armée nombreuse le siége des autorités suprêmes de la République : là, usurpant le pouvoir national, avant qu'on ait pu le déclarer ennemi, il décime les Corps législatif et exécutif ; leur intime des ordres, et impose au Peuple des lois iniques. Celui qui s'introduira dans sa tente, et lui percera le sein, rendra un service éclatant à la patrie : cependant, le tribunal devant lequel on voudrait le traduire,

scrait obligé de le condamner à mort, si les jurés ne peuvent
pas s'expliquer sur la formule en question. En effet, cet homme n'a-t-il pas tué son semblable ? ne l'a-t-il pas fait avec préméditation ? Les jurés voudront inutilement reconnaître qu'il
n'est pas pour cela coupable, si vous n'obligez pas les juges
à leur demander si le meurtre prémédité a, ou n'a pas été
commis *méchamment*.

Ce sont là, sans doute, les motifs puissans qui ont dé-
terminé le Législateur à ordonner, sous peine de nullité,
que, dans tous les cas, la question intentionnelle soit
posée par les mots *méchamment* et *à dessein* : il a senti
que si leur emploi peut quelquefois être superflu, sans
être nuisible, leur omission peut devenir extrêmement pré-
judiciable ; il a regardé toute crainte d'abus comme insi-
gnifiante ; car, ou la méchanceté de l'action résulte du
simple concours de la volonté, et alors les Jurés probes le
déclareront sans peine, ou elle ne résulte pas de ce concours ; et dans ce cas, il y aurait une grande injustice
à leur interdire l'emploi d'une formule, qui, par l'expression
entière de leur pensée, acquitterait l'accusé.

V. *Il y a eu fausse application de la Loi.*

C'est en vertu de la loi du 27 germinal de l'an 4, qui
range les provocations par discours ou écrits imprimés, soit
distribués, soit affichés, au rétablissement de la constitution
de 1793, etc., parmi les crimes contre la sureté intérieure de
la République, que la Haute-Cour prononça la peine de
mort contre deux accusés, et celle de déportation contre
sept autres.

Le jugement fut prononcé le 7 prairial an 5 ; c'est-à-dire,
un an et quarante jours après la promulgation de cette loi.

A la réquisition des accusateurs nationaux qui en demandaient l'application, les accusés opposèrent l'article 355 de
l'acte constitutionnel, ainsi conçu :

« Il n'y a ni privilège, ni maîtrise, ni jurande, *ni li-
» mitation à la liberté de la Presse*, du commerce,
» et à l'exercice de l'industrie et des arts de toute es-
» pèce. »

« Toute loi prohibitive en ce genre, quand les circons-
» tances la rendent nécessaire, est essentiellement provi-
» soire, et n'a d'effet que pendant un an au plus, à moins
» qu'elle ne soit formellement renouvelée. »

La loi du 27 germinal, disaient les accusés, est prohibitive de la liberté de la presse ; il y a plus d'un an qu'elle a été rendue ; elle n'a pas été renouvelée ; elle n'existe donc plus, et le tribunal ne peut pas l'appliquer.

À cet argument, les accusateurs, quoique provoqués, NE RÉPONDIRENT RIEN, et la Haute-Cour, SANS ALLÉGUER AUCUN MOTIF, passa outre, et prononça la condamnation conformément au réquisitoire.

Si le raisonnement des accusés est vrai, et on ne voit pas comment on pourrait le détruire, la Haute-Cour a hautement prévariqué en infligeant des peines très-graves sans autorisation légale.

## P R E M I È R E   O B S E R V A T I O N.

### *Les faits qui ont servi de motifs à la condamnation, sont matériellement faux.*

On ne remarquera pas, sans un mouvement d'horreur, que le jury, après avoir déclaré la CONSPIRATION NON CONSTANTE, se livrant à on ne sait quel inexprimable vertige, reconnut comme vrais des faits dont le procès démontre matériellement la fausseté, et sur lesquels il n'y avait eu aucune discussion.

Sans parler de la déclaration rendue sur la quatrième série, par laquelle les accusés sont reconnus convaincus d'avoir participé à des provocations VERBALES !!! dont il n'a été fait aucune mention dans le cours des débats, passons à considérer l'incompréhensible absurdité du prononcé du Haut-Jury sur la dernière série, par suite duquel deux accusés furent envoyés à l'échafaud.

Ce prononcé porte :

« Qu'il est constant qu'il y a eu, postérieurement au 27
» germinal de l'an 4, par des écrits imprimés, soit dis-
» tribués, soit affichés, provocation au rétablissement de
» la constitution de 1793 ; »

« Que Babeuf et Darthé sont convaincus d'y avoir par-
» ticipé, et qu'il n'y a pas, à leur égard, des circons-
» tances atténuantes ; que Buonarroti, Germain, Cazin,
» Moroy, Menessier et Bouin, ces deux derniers contumax,
» sont aussi convaincus d'y avoir participé, et qu'il y a, à leur
» égard, des circonstances atténuantes. » Hé bien ! de tous
les écrits reconnus être de Buonarroti, Germain, Cazin et

Moroy , ou attribués à Darthé , Menessier et Bouin , il n'y
en a pas un seul qui ait été imprimé , distribué ou affiché :
cependant Darthé est mort , et les autres furent condamnés
à la déportation. Quelle tyrannie ! quel assassinat ! ! Ceci
paraîtra très-fort , mais la procédure et les pièces sont là
pour attester une si étrange prévarication.

### Deuxième Observation.

*La nullité du jugement de la Haute-Cour a été léga-*
*lement reconnue.*

L'injustice du jugement de la Haute-Cour , portant condamnation, est si frappante , que le premier tribunal qui
a pû l'examiner, n'a pas hésité à la reconnaître : ce tribu-
bunal est le tribunal criminel du département de la Seine.

On a vu que Menessier et Bouin furent condamnés ,
par contumace , à la déportation , comme convaincus de
participation , à des provocations par écrits , soit distribués ,
soit affichés.

Le premier ayant été arrêté , et le second s'étant postérieurement constitué prisonnier , tous les deux ont été
successivement traduits devant le tribunal criminel du département de la Seine ; tous les deux ont été justifiés et
mis en liberté.

Ce qui est essentiel pour l'affaire en général , c'est que leur
élargissement a été la suite , non d'un jugement rendu sur
une déclaration de Jurés qui les aurait reconnus non convaincus des faits pour lesquels ils avoient été précédemment condamnés ; mais d'un jugement du tribunal , par lequel il a été
solennellement décidé que l'acte d'accusation , ayant pour
objet la conspiration , et nullement les provocations prévues
par la loi du 27 germinal an 4, et tous les accusés ayant été
acquittés sur le fait de conspiration , déclaré NON CONSTANT,
le tribunal ne pourroit pas , sans un nouvel acte d'accusation , connaître du fait de provocation contenu dans les dernières questions que l'article 378 de la loi du 3 brumaire
défendait à la Haute-Cour de poser.

Par suite de cette décision , les deux détenus furent renvoyés devant un nouveau Directeur de Jury qui , n'ayant pas
trouvé matière à dresser un acte d'accusation , au sujet des

provocations pour lesquelles ils avaient été condamnés, les mit en liberté.

Ainsi le tribunal criminel de la Seine a reconnu l'injustice du jugement de la Haute-Cour à l'égard de tous les condamnés.

(6. On trouve à la page 8 de l'exposé de l'accusateur national Viellart, ces mots : « Sans doute, elle est légitime, elle est » sainte l'insurrection, lorsque, comme on le vit en 1789, » c'est le peuple entier, lorsque c'est l'universalité des » citoyens qui la fait..... » Ce qui signifie, en d'autres ter- mes, que jamais l'insurrection n'est légitime ; car lors même que tous les gouvernés la voudraient, les gouvernans et leurs agens n'en voudraient certainement pas, et leur opposition suffirait pour rompre l'universalité qui, suivant l'accusateur national Viellart, est une condition nécessaire de la légitimité: ce passage est d'ailleurs une satyre sanglante des insurrections des 5 et 6 octobre 1790, de celle du 10 août, et même de celle du 14 juillet, qu'il semble approuver, auxquelles il s'en fallut de beaucoup que concourût l'universalité des Citoyens Français.

(7) Voyez le même exposé, à la note de la page 49 et sui- vantes. On y lit : « Lorsqu'en vendémiaire de l'an 4, le Peuple » de Paris se souleva, indigné des attentats portés aux droits » les plus sacrés de la nation, et trop justement allarmé du nou- » vel ascendant que le terrorisme reprenait alors dans la Con- » vention ; on ne peut douter que des royalistes cherchèrent » à se mettre à la tête du mouvement, et à le faire tourner au » profit de leur dessein, comme les agens de certaine partie » de la Convention s'y mêlèrent, pour précipiter les sections » de Paris dans les mesures les plus illégales et les plus incon- » sidérées. Mais les prétendus chefs royalistes n'ayant point été » avoués, reconnus, le mouvement de vendémiaire n'a pu » et ne peut être qualifié de *royaliste*. Il a été condamné *par* » *le droit canon* ; mais il a été solennellement reconnu qu'il » n'y avait pas eu *de conspiration*. »

(8) *Nullités qui frappent la totalité du procès, et dont on ne fait mention que pour prouver l'animosité et l'esprit de parti qui dictaient tous les actes de la Haute-Cour.*

I. Des dénonciateurs ont été admis à témoigner, contre la disposition de l'article 358 de la loi du 3 brumaire an 4.

Cet article est ainsi conçu :

« Ne peuvent être entendus en témoignage, so t à la re-

» quête de l'accusé, soit à celle de l'accusateur, soit à celle de
» la partie plaignante,
  » 1.º le père, la mère, l'aïeul, l'aïeule, ou autre ascen-
» dant de l'accusé ;
  » 2.º Son fils, sa fille, son petit-fils, sa petite-fille, ou autre
» descendant ;
  » 3.º Son frère ou sa sœur ;
  » 4.º Ses alliés, aux degrés ci-dessus ;
  » 5.º Sa femme, ou son mari, même après le divorce léga-
» lement prononcé. »

  « L'accusateur public et la partie plaignante ne peuvent pa-
» reillement produire pour témoins les dénonciateurs, quand
» il s'agit de délit dont la dénonciation est récompensée pécu-
» niairement par la loi, ou *lorsque le dénonciateur peut,*
» *de toute autre manière, profiter de l'effet de sa dénon-*
» *ciation.* »

Il s'agissait de Grizel qui avait dénoncé au Directoire Exécutif la prétendue conspiration, et que les accusateurs nationaux avaient porté sur la liste des témoins. Les accusés demandaient que Grizel fut rayé de cette liste, comme dénonciateur pouvant profiter de l'effet de sa dénonciation. Suivant
eux, «les récompenses qu'il *pouvait* raisonnablement attendre
» du Gouvernement, et la reconnaissance du parti qui vou-
» lait leur mort, étaient les principaux profits auxquels
» Grizel pouvait aspirer. »

Ils commencèrent par en démontrer la probabilité ; et,
comme la preuve de cette probabilité entraînait celle de la
simple *possibilité*, dont parle la loi, rien ne paraissait
devoir s'opposer à leur demande.

Pour maintenir Grizel sur la liste des témoins, les accusateurs nationaux s'efforcèrent de le dépouiller de sa qualité de
dénonciateur ; ils l'appelèrent *révélateur*, et prétendirent
que, comme tel, l'article cité ne pouvait l'atteindre. Il ne
paraît pas que ce ridicule subterfuge fut accueilli par la
Haute-Cour ; cependant Grizel fut admis à témoigner, par
un jugement qui intervertît le sens de la loi. Pour l'apprécier,
il faut comparer les termes de ce jugement, avec les réfuta-
tions qui en furent faites à plusieurs reprises, pendant les
débats.

| | |
|---|---|
| *Jugement de la Haute-Cour de Justice, rendu le 12 ventôse de l'an 5.* | *Réfutation.* |

**Jugement de la Haute-Cour de Justice, rendu le 12 ventôse de l'an 5.**

Vu l'article 358, etc.

Considérant que, de la dernière disposition de cet article qui ne défend de produire les dénonciateurs pour témoins que dans deux cas, il résulte que, dans tous les autres, leur témoignage peut être donné devant le jury de jugement, sauf à celui-ci à y avoir tel égard que de raison;

Que Grisel n'est dans aucun des cas déterminés;

Que la loi n'assigne aucune récompense pécuniaire à la dénonciation faite par Grisel; et qu'ainsi il n'est point dans le premier cas de l'exclusion;

Que le dénonciateur qui peut profiter d'une manière quelconque de l'effet de sa dénonciation, est uniquement celui auquel ce profit reviendroit, par le seul effet de sa dénonciation, sans l'intervention libre d'un tiers, et indépendamment d'une volonté étrangère;

Que l'effet de la dénonciation de Grisel ne lui assure, d'aucune manière, un profit, et qu'ainsi il n'est pas dans le second cas de l'exclusion;

**Réfutation.**

Les mots *sans l'intervention libre d'un tiers et indépendamment d'une volonté étrangère,* sont en contradiction avec ceux *de toute autre manière,* inserés dans la loi : d'ailleurs cette intervention pouvant être un effet de la dénonciation, doit être considérée comme un des moyens de profiter, que la loi ayant laissé indéfini, il n'étoit pas permis au Tribunal de limiter.

Mais la loi, bien loin de parler de certitude, ne considère que la *simple possibilité.* Tel est le sens du mot *peut* de l'article 358, évidemment contraire à celui du mot *assure* dont le Tribunal fait usage.

Qu'appliquer l'exclusion de la loi à tous les dénonciateurs qui peuvent exciter la reconnaissance libre du gouvernement ou des particuliers auxquels ils auraient à donner une connaissance utile , serait non-seulement étendre la loi, mais la détruire; que dèslors tout dénonciateur serait exclu , parce qu'il est dans l'ordre des choses humaines que , quiconque reçoit un avis qui le préserve d'un grand danger, en devient reconnaissant;

Que l'article 258 réserve aux accusés la faculté de dire contre Grisel personnellement et contre son témoignage, tout ce qu'ils jugeront utile à leur défense ; ordonne que Grisel demeurera inscrit sur la liste des témoins , et qu'il sera entendu devant le Jury.

Ce raisonnement suppose qu'il n'y a pas de cas où le dénonciateur n'a aucun profit à espérer , ce qui est faux. Il y a des dénonciations qui préviennent le mal , d'autres qui en donnent avis , ou en font connaître les auteurs lorsqu'il est arrivé : dans cette dernière classe , il en est plusieurs qui ne laissent apercevoir au dénonciateur aucune possibilité de profit : celle , par exemple, d'un homicide dont il auroit été spectateur.

Ainsi , tandis que la loi excluait Grisel, parce qu'il était *possible* qu'il retirât d'une manière quelconque un profit de l'effet de sa dénonciation, le Tribunal l'admit à témoigner, non parce que le profit était *impossible* , mais parce qu'il n'était pas *certain*.

Le journal sténographique des débats atteste que , d'après les mêmes principes, la Haute-Cour maintint , sur la liste des témoins, des agens de police qui , déguisés en militaires, fréquentaient des patriotes qu'ils dénoncèrent , et un faux monnoyeur que le Bureau central de Paris mit en liberté , afin qu'il pût provoquer et espionner de pauvres ouvriers qui ont été acquittés,

## I I.

*La communication des copies d'un grand nombre de pièces de la procédure a été refusée aux accusés.*

Un des plus grands bienfaits des réformes que la révolution a apportée dans l'instruction criminelle, est sans doute la latitude que la loi donne aux accusés pour leur défense : elle les entoure d'amis et de conseils ; elle ouvre les portes des tribunaux, afin que les regards du Peuple leur soient garans de l'impartialité des juges, et veut qu'il ne leur soit rien refusé de tout ce qui peut contribuer à établir leur innocence.

C'est dans cet esprit que la loi du 3 brumaire an 4, articles 319 et 320, ordonne, sous peine de nullité, que copie de toutes les pièces des procédures criminelles soit communiquée aux accusés, avant la convocation du Jury de jugement.

Dans l'affaire dont il s'agit, la procédure était composée des actes de l'autorité, savoir : procès-verbaux, interrogatoires, mandats d'arrêt, ordonnances, actes d'accusation, etc.

Des pièces manuscrites ou imprimées, trouvées chez les accusés.

Quelque tems avant l'ouverture des débats, le tribunal fit remettre aux accusés des copies des pièces de la première espèce, ainsi que celles des manuscrits trouvés chez eux. Les nombreux imprimés qui étaient au greffe, furent entièrement négligés. Les accusés, fondés sur les articles ci-dessus, en demandèrent communication, mais ils furent déboutés par un jugement antérieur à l'ouverture du débat, motivé sur ce que la loi ne parle que des pièces de la procédure, et que celles dont on réclamait copie ne sont que pièces à conviction.

A la première séance du Jury de jugement, la même réclamation fut reproduite, et également rejetée sur un nouveau réquisitoire, dans lequel l'Accusateur national s'efforça d'établir la distinction susmentionnée entre les pièces de conviction et celles de la procédure, distinction erronée, parce qu'il résulte de la comparaison des différentes parties de la loi, que les pièces à conviction ou à décharge font partie de celles du procès.

Pour se convaincre que sous la dénomination générique, *Pièces de la procédure*, la loi a compris toutes les pièces,

soit

soit d'instruction, soit à conviction ou à décharge , et qu'elle a voulu que copie des unes et des autres soit donnée aux accusés ; il suffirait d'examiner l'esprit de cette loi , qui a pris les soins les plus minutieux pour assurer aux prévenus la plus grande latitude dans leur défense.

Mais sans nous arrêter à cette considération générale , faisons parler cette loi du 3 brumaire , qui explique elle-même ce qu'on doit entendre par ces mots : *Pièces de la procédure* , nous verrons par ses différens passages , qu'elle les a employés pour désigner cumulativement toutes les pièces qu'un tribunal peut recueillir pendant l'instruction d'une affaire.

En effet, l'article 313 , qui contient une disposition à suivre dans le cas où un accusé , arrêté en vertu d'une ordonnance de prise-de-corps , choisit un tribunal autre que celui dans le ressort duquel elle a été rendue , s'exprime en ces termes : « Sur cette notification ( de l'option ),
» et sur la réquisition que l'accusateur public en fait par
» l'acte même de notification . le tribunal direct lui envoie
» aussitôt *les pièces du procès* ».

Si on ne veut pas dire qu'en pareil cas le tribunal direct qui ne juge pas , peut refuser d'envoyer à celui qui doit juger , les pièces à conviction , il faut convenir que les mots *pièces du procès* , sont compréhensifs de toutes les pièces , soit d'instruction , soit à conviction , ou à décharge.

L'article 330 s'exprime ainsi : « Dans le cas..... et dans
» celui où le tribunal a déclaré valables , tant le mandat d'ar-
» rêt que l'instruction faite depuis , jusqu'à l'ordonnance de
» prise-de-corps inclusivement, les *pièces de la procédure* ,
» sont dans les vingt-quatre heures du jugement remises à
» l'accusateur public ».

Peut-on présumer que la loi ait voulu interdire au ma-

C

gistrat chargé de la vindicte publique , l'inspection et l'examen des pièces à conviction dont il peut tirer des renseigne-
mens utiles à son ministère ? Cela serait contraire au bon
sens , et aux fonctions que la loi lui délègue. Concluons donc
que les pièces à conviction sont désignées par la loi sous les
mots génériques *pièces de la procédure*, qui sont précisément les mêmes que ceux de l'article 320 , dont les accusés
réclamaient l'exécution.

On trouve un exemple d'une force égale à l'article 382 ,
qui détermine la conduite que le président doit tenir à l'é-
gard des jurés , après leur avoir remis les questions sur lesquelles ils doivent prononcer.

« Il ( le président ) leur remet aussi toutes les *pièces du*
» *procès* , à l'exception des déclarations écrites des témoins ,
» et des interrogatoires écrits de l'accusé ».

Les pièces à conviction sont donc aussi pièces du procès;
car on ne dira pas que la loi en interdit l'examen à ceux
qu'elle appelle à en peser la valeur.

Il résulte de tout ceci ,

Que dans le système de la loi que nous discutons , les pièces
à conviction ou à décharge font partie des pièces de la procédure ou du procès. Et comme les articles 319 et 320 de
cette loi ordonnent la communication à l'accusé de la copie
de toutes les pièces de la procédure , sous peine de nullité ,
le jugement de la Haute-Cour qui refusa aux accusés copie
des pièces à conviction , est évidemment contraire à la loi.

Que doit-on penser, quand on considère que ces imprimés
dont on refusa la communication , forment l'objet du jugement de condamnation.

(9) La raison des jugemens légaux rendus par les tribunaux criminels , est une voie extraordinaire , mais non contraire à la constitution. Il y a des cas où cette mesure doit

être appliquée par le Corps Législatif aux jugemens des tribunaux ordinaires.

Elle devient indispensable dans l'affaire jugée par la Haute-
Cour de Justice séante à Vendôme.

Le tribunal de Cassation est le seul que la constitution a
placé au-dessus des tribunaux criminels : il connaît des
formes et de l'application des lois, mais il ne peut, en aucun
cas, connaître du fond des affaires.

Un jugement criminel peut être injuste sous deux rapports,
ou parce qu'il n'a pas été rendu dans les formes ordonnées
par la loi, ou parce qu'il reconnait pour véritable une criminalité insubsistante. Le premier défaut peut être réparé par
la voie de la cassation ; mais quant au second, les jurés étant
juges suprêmes du fait, la législation n'offre aucun moyen
de faire redresser leur déclaration, toute fausse qu'elle puisse
paraitre.

Mais si une déclaration présente à découvert les caractères
de l'injustice et de la fausseté, si on y reconnaît l'œuvre de
la haine et de l'ésprit de parti, faut-il que parce que la constitution n'indique pas positivement un remède, l'injustice
soit consacrée et l'innocent puni ?

L'intention du Législateur ne peut pas être douteuse ; il ne
peut pas avoir voulu que le respect pour les formes et même
pour l'indépendance des jurés, l'emporte sur la vérité écla-
tante : il a nécessairement entendu que dans les cas extraordinaires, un remède extraordinaire soit employé. Ce remède
est la révision que l'acte constitutionnel a assez autorisée, en
ne prescrivant rien qui en défende l'usage.

En effet, la révision n'est autre chose qu'un nouveau jugement, ou, si l'on veut, un appel du jugement rendu. Or
cet appel, quoique défendu par la loi du 3 brumaire, dans
le cours ordinaire de la procédure criminelle, n'est pas dé-

fendu par la constitution ; il peut donc avoir lieu.

Mais comment et par qui doit-il être jugé ; comment et par qui doit-il être ordonné ? La solution de ces questions n'est pas difficile. D'abord le jugement de l'appel étant une application de la loi à un fait particulier, il est évident qu'il fait partie des attributions de l'autorité judiciaire ; et la constitution n'ayant rien statué sur cet objet, elle a laissé au Corps Législatif le soin d'y pourvoir.

Il reste, à présent, à déterminer si le Corps Législatif doit le faire par une loi applicable aux cas à venir, ou s'il doit se borner à statuer sur les faits particuliers.

En examinant attentivement la nature de la mesure proposée, et celle de l'organisation judiciaire, on trouve que la révision des jugemens criminels ne saurait être ordonnée que par un acte du Corps Législatif. La raison en devient sensible, si l'on considère que cette mesure ne peut être employée que dans les cas extraordinaires, où l'iniquité des jugemens étant frappante, il s'élève, pour ainsi dire, un cri général qui l'improuve ; dans ces cas où les agitations du corps politique font aisément présumer l'erreur ou la mauvaise foi des juges et des jurés.

Or, le Corps Legislatif est la seule autorité par laquelle l'opinion générale peut se manifester ; il est seul en position de juger des écarts de l'esprit de parti. La loi qui organiserait un mode de révision, instituerait nécessairement des tribunaux pour l'appliquer ; et ces tribunaux, comment pourraient-ils devenir les organes de la pensée publique ? comment pourraient-ils prétendre à plus d'infaillibilité que ceux dont ils examineraient les actes ? D'ailleurs, si ce nouveau rouage s'introduisait dans l'ordre judiciaire, il n'y aurait pas de condamné qui ne réclamât cette mesure essentiellement extraordinaire, et qui doit être provoquée plus par la conscience nationale que par les instances des parties.

C'est donc au Corps Législatif qu'il appartient d'ordonner, par des actes particuliers, la révision des jugemens criminels rendus sur des déclarations de Jurés qui présentent un caractère frappant de fausseté et d'injustice.

Avant de passer à d'autres objets, il est nécessaire de répondre à deux objections : les voici :

*Première objection.* Le Corps Législatif, en ordonnant, par un acte spécial, la révision d'un jugement, s'immiscerait dans l'exercice des fonctions judiciaires.

*Seconde objection.* La loi par laquelle la révision serait ordonnée, aurait un effet rétroactif.

A l'égard de la première, il faut observer que les fonctions judiciaires consistent essentiellement dans l'application de la loi, à des cas particuliers. Ordonner un nouvel examen d'un jugement, afin que cette application soit faite avec justice, n'est pas la faire soi-même, ni remplir le ministère des Tribunaux qui peuvent confirmer le jugement qu'ils sont chargés de réviser.

Quant au reproche de rétroactivité, nous disons 1°. que, à proprement parler, l'ordre de réviser n'est pas une loi, parce que la nature de la loi est d'être générale et applicable aux cas à venir ; 2°. Que la Constitution a étendu la juridiction du Corps Législatif au-delà de la formation de la loi, en l'autorisant à mettre en accusation, à juger les opérations des assemblées primaires, communales et électorales ; à élire les directeurs, les commissaires de la trésorerie, etc., à valider les aliénations des communes, etc. 3°. Cet ordre, fut-il une loi, n'aurait pas le vice de la rétroactivité, puisqu'il ne ferait que provoquer l'exécution d'une loi suprême, qui veut que nul ne soit puni pour les faits dont il n'est pas l'auteur; loi dont la Constitution est destinée à être le garant.

Après avoir prouvé que la révision des jugemens criminels n'est pas contraire à la Constitution ; qu'il appartient au Corps Législatif de l'ordonner ; qu'il doit le faire par des actes spéciaux ; il reste à établir qu'en aucun cas elle ne saurait être plus impérieusement commandée , que dans l'affaire jugée par la Haute-Cour de Justice séante à Vendôme.

La fausseté des faits reconnus par la déclaration du Jury, qui forme l'objet de la première observation de la note cinquième, est évidente : l'esprit contre-révolutionnaire qui dirigeait le Tribunal est prouvé par ses actes, et par l'histoire des faits qui précédèrent, accompagnèrent et suivirent ses opérations : un cri général d'improbation s'éleva contre son jugement : voilà les conditions nécessaires pour justifier la mesure demandée : à ces motifs se joignent, en faveur des condamnés par la Haute-Cour, les nombreuses nullités qui vicient leur condamnation, et pour le redressement desquelles le remède ordinaire en recours en cassation leur a été inconstitutionnellement enlevé.

De l'Imprimerie de LAMBERTÉ , rue des Marmouzets , au coin de celle de Perpignan , division de la Cité.